Et si la dépression avait un sens ?

Lucia Canovi

Et si la dépression avait un sens ?

Avant-Propos

Qu'on ait la joue gonflée par un abcès, qu'on se soit pris une vitre trop propre en pleine poire ou qu'on soit hanté par des idées à ailes noires, petites sœurs de Dracula, on a mal. La dépression est une souffrance parmi d'autres.

C'est pourquoi la manière dont on envisage la douleur a d'importantes conséquences sur la manière dont on supporte la dépression – ou dont on ne la supporte pas – ainsi que sur les solutions qu'on lui cherche – ou qu'on ne lui cherche pas.

Les pages suivantes sont essentielles ; lisez-les sans vous départir de la bonne humeur qui fait le fond de votre caractère, car si vous vous sentez actuellement déprimé, cette émotion-là est superficielle : la joie et le désir de vivre qu'elle cache ont plus de profondeur et de réalité.

En tout cas, c'est ce que j'imagine, et pourquoi ne le supposeriez-vous pas, vous aussi ? Si vous le croyez, c'est que c'est vrai... ou que ça le deviendra.

Un scandale ?

Qu'est-ce que la souffrance ?

D'après un point de vue assez répandu, un scandale et rien d'autre.

Qu'est-ce qu'un « scandale » ?

« Ce qui paraît incompréhensible et qui, à ce titre, pose problème à la conscience et déroute la raison. » Un scandale est ce qui arrive, *alors que ça ne devrait pas arriver.*

Dans cette perspective, nous ne serions pas censés souffrir. Jamais. Toute douleur serait une déviation pathologique et absurde par rapport à la norme. Toute souffrance serait inutile.

Voici comment un partisan de cette approche (Jean Thuillier, psychiatre), s'insurge contre la douleur :

> « Pour moi la douleur […] abaisse, humilie, porte à blasphémer ;
> la tolérer, c'est presque accepter qu'on la donne aux autres par
> l'attentat, le crime ou la guerre. »

C'est parce qu'ils voient les choses de cette manière que beaucoup de docteurs distribuent les antidépresseurs à pleines mains, comme des bonbons.

Une souffrance supplémentaire

Il faut bien reconnaître que cette manière d'envisager les choses n'apporte aucun réconfort quand on souffre. Pire : elle aggrave le mal-être en lui ajoutant une touche d'amertume qui est comme le goût de l'absurde. Souffrir en pensant que sa souffrance n'a aucune utilité et aucun sens est bien pire que souffrir, sans plus.

Qui plus est, la définition de la souffrance comme scandale

justifie indirectement le suicide : si la souffrance est inacceptable, et qu'on ne parvient à la faire cesser par aucun moyen, le meurtre de soi ne devient-il pas légitime ?

Mais ce n'est pas seulement à cause de ses effets que cette définition de la souffrance comme scandale pose problème... d'un point de vue philosophique et logique, elle laisse aussi beaucoup à désirer.

Impasse

La définition de la souffrance comme inacceptable a pour premier corollaire une définition de la vie comme expérience uniformément douce, plaisante et agréable. C'est parce que la vie est censée être idyllique que la souffrance est incongrue et choquante, comme serait déplacé un cercueil dans une salle de fête, près d'une pyramide nuptiale de choux à la crème.

Mais peut-on s'imaginer de bonne foi que la vie n'est que douceur et joie ? Peut-on croire sincèrement qu'elle ne nous réserve que de bonnes surprises ?

Ça paraît difficile, car cette croyance irrationnelle est sans cesse contredite par... les faits. Tout simplement. Il suffit d'observer deux secondes l'état du monde pour s'apercevoir que nombre de gens, et même nombre de peuples, souffrent pour d'excellentes raisons (famine, corruption, violences, guerres, tyrannie, etc.) Une souffrance qui ne date pas d'hier et qui n'est, semble-t-il, pas prête à cesser.

Même les Eckhart Tolle, Katie Byron et autres réincarnations de Bouddhas ne sont pas à l'abri. D'une manière ou d'une autre, à un moment ou à un autre, tout le monde souffre. Ne serait-ce que parce que les personnes que nous aimons sont mortelles comme nous le sommes.

Prétendre que la souffrance est un scandale, c'est donc prendre le parti incongru de tourner le dos à la réalité, de nier les faits.

Et ce n'est pas tout, car la définition de la souffrance comme absurdité choquante, comme scandale inacceptable, a un autre corollaire qui n'est pas moins problématique. En effet, prétendre que la souffrance est un scandale, c'est adopter une attitude nihiliste : puisque la souffrance fait partie intégrante de la vie, et qu'elle en constitue même une part non négligeable, si la souffrance est absurde la vie l'est aussi !

Bref, de quelque manière qu'on envisage l'idée, elle aboutit à une impasse.

Rupture de contrat ?

Si l'idée que la souffrance est un scandale a un certain succès, c'est parce qu'elle sert de paravent à une autre idée tout aussi incongrue, mais flatteuse, cette idée sous-jacente et inavouée nous caressant diplomatiquement dans le sens du poil.

En effet ce que l'on croit, ce que l'on s'imagine confusément quand on affirme que la souffrance est un scandale, ce n'est pas tant que la vie est littéralement l'équivalent (en mieux) d'un séjour au club Med, mais plutôt qu'elle a en quelque sorte *l'obligation morale* d'en être un pour un petit nombre de privilégiés… Dont, par le plus grand des hasards, nous faisons partie ! En d'autres termes, on suppose que les catastrophes ont signé un contrat avec on ne sait trop qui les engageant à nous épargner. Tout le monde n'est pas à l'abri, mais nous, nous *devrions* l'être... C'est, pensons-nous secrètement, la moindre des choses !

C'est pour cela que face à un événement douloureux, tant de gens réagissent par la révolte et l'exaspération : ils considèrent leur souffrance comme une injustifiable rupture du contrat, une anomalie qu'ils n'ont pas à supporter.

C'est un peu l'attitude de quelqu'un qui a commandé un fondant de quenelles de brochet soufflées au coulis de crustacés dans un restaurant chic et à qui l'on sert à la place un sandwich miteux au jambon verdâtre. Il est furieux, il proteste, il réclame : ça ne peut pas se passer comme ça ! Ce n'est pas *censé* se passer comme ça !

Des hauts et des bas

Mais la vie n'est pas un restaurant cinq étoiles où nous passons nos commandes... même si on peut toujours essayer. Ou elle n'est pas que ça. Et elle n'est pas non plus un séjour au club

Med, même si certains se prélassent de palace en palace.

Mais alors, qu'est-ce ?

Pour reprendre les mots de George Sand, un « ragoût mélangé de tristesse et de joie ».

Ni le malheur ni les catastrophes n'ont promis ni signé quoi que ce soit à qui que ce soit et il n'y a aucune raison pour que les coups durs de la vie nous épargnent plus que d'autres, qui valent autant ou mieux que nous.

Alors, autant accepter à l'avance, avec un calme philosophique, leur inévitable venue.

La souffrance immorale

Vous avez remarqué comme il est inconfortable de déprimer le 24 décembre ?

Plus pénible qu'à n'importe quel autre jour de l'année.

C'est qu'à ce moment-là la bonne humeur prend un caractère quasi obligatoire. De juger la souffrance inacceptable à la juger immorale, il n'y a qu'un pas. Pas qui est franchi lors des fêtes de fin d'année.

Notre société est hédoniste. Elle présente le plaisir comme le but ultime de l'existence. Sous le régime communiste, croire en Dieu était un crime ; sous le régime hédoniste, ne pas jouir de la vie est une espèce de faute. Un péché contre le plaisir érigé en idole. C'est pourquoi les « peine-à-jouir » qui ne savent pas « profiter de la vie » sont jugés très inférieurs aux bons vivants, fêtards et autres Roger-Bontemps.

Résultat ?

Beaucoup de déprimés font une espèce de complexe d'infériorité. Ils culpabilisent d'être malheureux comme si leur mal-être les dévalorisait. Pourtant le plaisir n'est pas un bon indicateur de valeur humaine.

La preuve ?

L'infâme gangster Al Capone (1899-1947) était un joyeux drille.

À retenir

- Pire que souffrir ? Souffrir en jugeant sa souffrance absurde, inutile et déplacée.
- Nous supposons à tort que le malheur doit nous épargner.
- La vie est faite de hauts et de bas.
- Être malheureux et hédoniste, c'est être malheureux deux fois : de l'être, et de désobéir à son idole, le sacro-saint plaisir.

Conseils

▶ Ne soyez ni exaspéré, ni indigné par votre souffrance. Passée, présente ou future, acceptez-la comme faisant partie intégrante de l'existence sur cette terre.

▶ Que votre malheur ne vous fasse pas sentir inférieur : la valeur d'un être humain ne se mesure pas à sa joie de vivre.

À l'école de la douleur

Selon l'illustre auteur tragique Eschyle (526-456 avant J.-C), dont les pièces éduquèrent le public grec,

« Il est bon d'apprendre à être sage à l'école de la douleur. »

Bien des siècles plus tard, l'éminent écrivain et théologien Fénelon (1651-1715), brillant pédagogue qui dirigea un internat de filles et fut le précepteur de deux marmots royaux, affirmait avec la même conviction :

« Ceux qui n'ont jamais souffert ne savent rien. »

Quand deux personnalités de ce calibre sont d'accord, il est grand temps de s'interroger. Et si, au lieu d'être une aberration et un scandale, la souffrance était une école ?

Une école peut-être pas laïque, mais à coup sûr gratuite et obligatoire ?

Voyons où une telle idée, ou plus précisément métaphore, nous mène.

Matières enseignées

Dans une école, on étudie : quelles matières sont enseignées à l'école de la souffrance ?

La sagesse, dit Eschyle.

Mais encore ? Car « la sagesse », c'est un peu vague.

Pour commencer, l'humilité.

Je ne sais pas si vous l'avez remarqué, mais ceux qui n'ont jamais reçu de la vie ni coup, ni baffe, ni mornifle sont souvent d'une arrogance extrême. Ils regardent de haut le commun des mortels, ceux qui ont des problèmes. Ils ne « comprennent pas que... » Ils jugent, ils pontifient. Prenant leur chance pour un don, ils croient que l'humanité souffrante est inférieure à leur humanité préservée à eux.

Et puis un beau matin, la vie les rattrape. Elle les plaque par terre. Elle les dépouille de leurs petits succès illusoires les uns après les autres. Elle anéantit leur gros tas d'orgueil à force d'échecs. Jusqu'à ce qu'ils comprennent qu'il n'y a pas deux humanités, mais une seule, et qu'ils en font partie.

Et l'humilité n'est pas la seule matière que la souffrance enseigne. Elle permet aussi de développer une très belle vertu : la compassion.

En reliant la souffrance que l'on éprouve soi-même à celle que l'on épargne à ses semblables, George Sand met en plein dans le mille :

> « Dieu qui voit nos larmes à notre insu, et qui, dans son immuable sérénité, nous semble n'en pas tenir compte, a mis lui-même en nous cette faculté de souffrir pour nous enseigner à ne pas vouloir faire souffrir les autres. »

Très juste. Jean éprouve pitié et sympathie pour tous ceux qui souffrent de rage de dents, parce qu'il sait ce que c'est... Être passé par là : tel est le secret de la compassion.

Mais la souffrance nous ouvre aussi les yeux au prix des choses. À ce qu'elles valent vraiment.

Un proverbe oriental le dit : *la valeur de la jeunesse, c'est un vieux qui te la donnera ; la valeur de la richesse, c'est un pauvre qui te la donnera ; la valeur de la vie, c'est un mort qui te la donnera.* D'après un autre proverbe, o*n ne connaît la valeur de l'eau que lorsque le puits est à sec.*

La soif renouvelle et ajuste notre point de vue sur l'eau fraîche, l'isolement nous apprend le prix de la compagnie, et la foule celui de la solitude. Il faut avoir été malade pour connaître la valeur de la santé et avoir été privé d'abri pour apprécier pleinement son chez-soi, qu'il soit une studette ou un château.

Bref, le manque nous rend lucides.

Enfin, quand on est prêt pour cet enseignement de très haut niveau, la souffrance nous enseigne la *patience*, qualité sans laquelle toutes les autres sont inutiles.

Compte tenu de tout ce que nous venons de dire, faut-il

souhaiter la souffrance, faut-il la désirer ?

C'est l'erreur romantique, qui a conduit tant de jeunes gens à se rendre malheureux dans l'espoir que ça les rendrait plus intéressants. J'espère de tout cœur que vous n'êtes pas vous-même victime de cette illusion funeste, dont nous reparlerons tout à l'heure.

Cancres et bons élèves

Si la souffrance est une école, ce n'est cependant pas une école-garderie comme il y en a tant de nos jours : on n'en sort pas automatiquement diplômé, loin de là.

Comme partout, il y a des cancres qui usent leurs fonds de culotte en pure perte sur les bancs, des je-m'en-foutistes sur lesquels les leçons glissent comme la pluie sur le caban bien huilé d'un marin breton. Ceux-là souffrent vraiment pour rien.

Ils sont orgueilleux... et ils le restent. Ils sont égocentriques et égoïstes... et ils continuent. Ils n'apprécient pas leur chance... et ne l'apprécient pas davantage. Ils sont impatients et colériques... et ils continuent à se fâcher pour des broutilles. Bref, ils souffrent en rond, sans avancer d'une coudée, sans progresser d'un pouce. Ils deviennent même de plus en plus ronchons et acariâtres. La souffrance les aigrit.

Et c'est précisément leur entêtement à ne rien apprendre (ou à apprendre le contraire de ce qu'ils devraient) qui les condamne à souffrir encore et encore, comme des élèves qui redoublent encore et encore.

Inversement, un bon élève peut sauter une ou deux classes, et ainsi quitter l'école plus tôt que les autres : quand on sait tirer de ses souffrances les leçons qu'il y a à en tirer, on souffre moins et moins longtemps.

À retenir

● À l'école de la souffrance, les élèves attentifs apprennent la sagesse, tandis que les autres perdent leur temps et pourrissent l'ambiance des cours par leur mauvaise attitude.

Conseil

▶ Pour souffrir le moins possible, apprenez au plus vite les matières que la souffrance enseigne : l'humilité, la compassion, la gratitude et la patience.

Nous devons le passer,
nous pouvons le gagner

Et si la souffrance était un test ?

C'est une troisième possibilité.

Cette manière d'envisager la souffrance permet de comprendre que l'essentiel, ce n'est pas la souffrance en elle-même, mais bien la manière dont nous y réagissons. En effet un test peut aussi bien être réussi que raté : tout dépend de la façon dont on s'y comporte, tout dépend de ce qu'on met dans sa copie.

Trois hommes qui ont souffert

Victor Hugo, Hermann Hesse, Viktor E. Frankl : beaucoup de choses séparent ces trois hommes, une les rapproche. Voyons laquelle.

Victor Hugo

Victor Hugo (1802-1885) est si célèbre que j'hésite à vous le présenter.

Il n'est pas seulement l'auteur des *Misérables,* qui inspira la comédie musicale du même nom, et de *Notre-Dame de Paris,* dont fut tiré un dessin animé ; ce romancier fut également un poète, un dramaturge et une personnalité politique qui eut une grande influence son siècle.

Victor Hugo a connu des luttes politiques orageuses et l'exil. Mais ces épreuves furent bien moins dures que la mort de Léopoldine, sa fille bien-aimée, alors qu'elle n'avait que dix-neuf ans. Le 4 septembre 1843, Léopoldine et son jeune mari se noyèrent accidentellement dans la Seine. Ils étaient mariés depuis sept mois à peine et s'aimaient passionnément depuis six ans. Victor Hugo ne s'est jamais complètement remis de cette tragédie.

Cette mini-biographie était nécessaire pour que vous accordiez toute l'attention qu'elle mérite à la citation suivante.

En faisant référence au temps qui passe, aux épreuves qu'il apporte, et à la manière dont nous y réagissons, Victor Hugo a dit :

« Les bons mûrissent, les mauvais pourrissent. »

Que signifie cette maxime, si profonde dans sa concision, si éloquente dans sa brièveté ?

Que la vie en général, et la souffrance en particulier, est un test que les bons gagnent en devenant meilleurs et que les méchants perdent en devenant pires. Mais aussi que dans l'adversité, chacun montre sa vraie nature, qu'elle soit bonne ou mauvaise. L'Homme n'est pas ravalé, mais révélé par les circonstances, qui se contentent de mettre en lumière qui il est vraiment.

Hermann Hesse

Et maintenant, parlons un peu d'Hermann Hesse (1877-1962). Ce romancier, poète, peintre et penseur germanique a obtenu divers prix littéraires, dont le prix Nobel de littérature en 1946.

Hermann Hesse n'a pas eu une enfance facile ; de violents conflits l'opposaient à ses parents. À l'âge de quinze ans, il fit une tentative de suicide. Sa vie d'adulte ne fut pas beaucoup plus rose que ses premières années : névralgie, problèmes conjugaux, mort de son père, grave maladie de son fils, psychose de sa femme, attaques de la presse allemande... il a été sévèrement éprouvé au moral comme au physique.

Sachant tout cela, à votre avis que pensait Hesse de la souffrance ?

La définissait-il comme un scandale, une aberration, un non-sens ?

Pas du tout.

D'après Hermann Hesse,

« La douleur, les déceptions et les idées noires n'ont pas pour but de nous aigrir, mais de nous mûrir et de nous purifier. »

La vie est un test. Nous devons le passer ; nous pouvons le gagner. Ceux qui tournent au vinaigre sous la pression le ratent, ceux qui comme vous s'amendent et se bonifient le réussissent.

Viktor Emil Frankl

Au tour de Viktor Emil Frankl (1905-1997). Professeur autrichien de neurologie et de psychiatrie, Viktor Emil Frankl est le fondateur de la logothérapie. Ses livres ont été traduits en trente-huit langues.

De 1933 à 1936, Frankl dirigea le pavillon réservé aux femmes suicidaires de l'hôpital psychiatrique de Vienne. Quand les nazis prirent le pouvoir en Autriche, il fut l'un des rares psychiatres – ou peut-être le seul, il faudrait vérifier – à refuser d'euthanasier ses patients, en clair à refuser de les assassiner.

Cette information permet de situer le personnage : à cette époque, Frankl était déjà bien plus courageux et humain que la plupart de ses collègues.

En 1942, Frankl est déporté avec sa famille dans un camp de concentration. Il passe à Theresienstadt et Dachau. En 1944, il est envoyé à Auschwitz, où il reste jusqu'à 1945. Ses parents n'ont pas survécu à l'horreur des camps. Sa femme aussi y est morte. Frankl a vécu le pire deux fois : parce qu'il y a été confronté personnellement, et parce que les êtres qu'il aimait ont été broyés par l'impitoyable machine nazie.

Après avoir enduré tant d'horreurs, comment Victor Frankl parle-t-il de la souffrance ?

Comme de la cause inéluctable d'une déchéance morale aussi bien que physique ?

Comme de l'annihilation de tout ce qui fait de nous des Hommes ?

Pas du tout.

Viktor Frankl pense que chacun est responsable de sa vie, quelles que soient les conditions dans lesquelles il vit. D'après lui,

« Toute personne, même dans des circonstances particulièrement pénibles, peut choisir ce qu'elle deviendra moralement et spirituellement. »

Les circonstances ne peuvent pas nous changer en ce que nous refusons d'être. Ce sont nos actions et nos réactions, autrement dit nos décisions, qui nous définissent.

Pas le monde extérieur.

Comme Victor Hugo et Hermann Hesse, Viktor Frankl croit donc que face à la souffrance nous restons libres. Libres de mûrir ou de pourrir, de nous aigrir ou de nous purifier, de descendre ou de monter.

La difficulté du test ne préjuge pas de son issue : nous pouvons le perdre, nous pouvons le gagner.

Souffrance et liberté

Car au fond, la souffrance ne prend aucune décision à notre place : elle n'impose rien. C'est un point très important qu'on perd souvent de vue lorsqu'on souffre. On s'imagine alors que nos émotions ne nous laissent pas le choix, qu'elles nous forcent à nous comporter de telle ou telle manière...

Il y a une petite part de vérité là-dedans. Il est vrai que dans certains états émotionnels, certaines actions deviennent impossibles. Philémon peut être trop déprimé pour se lancer dans un marathon, Joséphine trop angoissée pour parler avec assurance, Berthe trop négative pour ranger la paperasse qui encombre son bureau. Mais même au fond du gouffre, on a toujours des choix à faire.

À faire entre quoi et quoi ?

Entre ceci (la route qui descend) et cela (la route qui monte).

Ce n'est pas parce qu'on souffre physiquement ou moralement qu'on *doit* succomber aux sirènes anthropophages du désespoir et de l'apitoiement sur soi, ou chercher un bouc émissaire. Ce n'est pas parce qu'on est *tenté* de le faire qu'on est *obligé* de le faire.

On peut souffrir avec intensité, ou être vigoureusement contrarié, sans faire n'importe quoi, ni se laisser couler dans l'inertie ou la bouderie. Ce qu'on appelle « la dépression » n'a pas de pouvoir sur nos actes. La souffrance ne fait que proposer ; en fin de compte c'est nous qui disposons.

Le bon sens d'une mère

À ce propos, une petite histoire pleine de sagesse circule sur Internet.

Une jeune femme se rend chez sa mère et s'effondre : « J'en ai marre. Vraiment marre. J'ai l'impression d'être prisonnière d'une vie que je n'ai pas choisie. Je suis fatiguée de me battre. Fatiguée de faire tant d'efforts qui ne servent à rien... ou presque rien. J'ai envie de tout laisser tomber. Envie de partir. Envie de mourir. »

Sans répondre, sa mère l'entraîne dans la cuisine, remplit trois casseroles d'eau et les place sur la cuisinière.

La jeune femme, perplexe, lui demande de s'expliquer ; sa mère lui demande de patienter.

L'eau commence à bouillir.

Dans la première casserole, la mère place des carottes ; dans le deuxième, elle met des œufs ; dans le troisième, du café moulu. La jeune femme est de plus en plus perplexe, mais sa mère ne dit mot.

Au bout de vingt minutes, elle sort les carottes qu'elle met dans un bol, les œufs qu'elle met dans un autre bol, et verse le café dans une tasse. Puis, se tournant vers sa fille, elle lui dit enfin :

« Regarde bien. Que vois-tu ? »

« Ce que je vois ? Je vois des carottes, des œufs et du café », répond ingénument la jeune femme, intriguée.

Sa mère l'amène plus près et lui demande de toucher les carottes. Elles sont devenues molles, et des petites larmes de vapeur perlent sur leur chair moite et fragile. Elle lui demande ensuite de prendre un œuf et de le briser. La jeune femme enlève la coquille et constate que l'œuf a durci. Finalement, sa mère lui demande de goûter au café, dont le délicieux arôme s'est répandu dans toute la cuisine.

Réconfortée par le café chaud, le calme de sa mère et l'atmosphère paisible de la cuisine, où tout est en ordre (de belles casseroles en cuivres sont suspendues par taille contre le mur), la jeune femme se sent déjà un peu mieux.

« Excellent café, dit-elle. Mais où veux-tu en venir ? »

« Chaque aliment a fait face à la même eau bouillante, mais

chacun y a réagi différemment, lui répond la mère. La carotte était dure et solide ; après être passée dans l'eau bouillante, elle s'est ramollie. L'œuf était fragile ; après être passé dans l'eau bouillante, son intérieur est devenu dur. Quant au café, il a réagi d'une manière unique : plongé dans l'eau bouillante, il y a diffusé son parfum et sa saveur. »

Après un silence, la mère demande doucement à sa fille : « Auquel des trois ressembles-tu ? Lorsque l'adversité frappe à ta porte, comment réagis-tu ? Comme la carotte, l'œuf ou le café moulu ? »

Décision

Et vous, face aux problèmes, comment réagissez-vous d'habitude ?

Par l'impatience, la colère, le désespoir, l'alcool, les cachets, ou par la patience, l'espoir, le courage, l'humilité, l'humour ?

Est-ce que vous vous affaissez comme une carotte trop cuite ou vous sclérosez comme un œuf dur, ou est-ce que vous vous élevez au-dessus des circonstances en apportant un précieux réconfort à ceux qui vous entourent, à l'image du meilleur arabica ?

Mais au fond, peu importe ce qui est derrière vous, car la page est tournée. Ce qui compte, c'est cette nouvelle vie qui commence aujourd'hui. À partir de maintenant, que voulez-vous que la brûlure de la souffrance fasse de vous ?

Consentez-vous à ce qu'elle vous avilisse, ou voulez-vous qu'elle vous purifie et vous ennoblisse ?

À retenir

- La souffrance est un test que l'on peut perdre ou gagner.
- Les circonstances ne font pas l'homme (ni la femme), elles le révèlent à lui-même et aux autres.
- Le feu de la souffrance peut nous craqueler comme de la boue, ou nous épurer comme l'or : à nous de choisir quel effet il aura sur nous.

• Même en proie à des émotions intenses et désagréables, nous avons le choix.

Conseils

▶ Quand vous souffrez, souvenez-vous que l'essentiel, c'est la manière dont vous réagissez à cette souffrance.

▶ Dans ces moments-là visualisez, et s'il le faut, dessinez sur une feuille, une route arrivant à un embranchement. À gauche, la route descend vers la réaction inappropriée ; à droite, elle monte vers la bonne réaction. Puis choisissez votre chemin en toute connaissance de cause.

▶ Fixez-vous une ligne de conduite lorsque vous avez les idées claires et la tête froide, et tenez-vous-y sans tenir compte de vos hauts et de vos bas, de votre découragement ou de votre enthousiasme, de votre envie de ne rien faire ou de votre envie d'en faire trop. Pour cela, prenez des vraies décisions – des décisions qui ne soient pas révoquées par la prochaine émotion qui passe.

Lecture fortement recommandée

▶*Découvrir un sens à sa vie avec la logothérapie* de Victor Emil Frankl. Ce livre dur et magnifique renouvellera votre point de vue sur la vie en général, et la vôtre en particulier. Avertissement : Frankl y raconte la vie dans les camps de concentration, ce n'est donc pas une lecture légère.

Un signal à ne pas négliger

On l'a vu à propos des antidépresseurs : la souffrance peut aussi être envisagée comme un signal.

C'est facile à comprendre en ce qui concerne la souffrance physique. Par exemple Hippolyte a fait une chute de cheval et son bras droit lui fait extrêmement mal. Cette douleur est le signal que quelque chose ne va pas. Effectivement, son bras est cassé.

Dans cette perspective la souffrance n'est pas le problème, elle en est juste la conséquence et l'indice.

En tant que signal, la souffrance est utile, et même très utile : elle constitue une information irremplaçable.

C'est pour cela que les antidouleurs ne sont pas toujours une bonne chose... Avaler un cachet dès qu'on a mal au ventre, sans savoir *pourquoi* on a mal au ventre, c'est éteindre l'alarme à incendie sans éteindre l'incendie lui-même.

Avec cette définition de la souffrance, la douleur morale qu'on appelle « dépression » apparaît moins comme un ennemi que comme un précieux auxiliaire. Ce signal indique qu'il y a un problème à résoudre.

À retenir
• Il arrive que la souffrance ne soit pas le problème, mais le signal qui permet de comprendre qu'il y en a un.
Conseil
▶ Si vous ressentez un mal-être persistent, que celui-ci vous mette la puce à l'oreille : il y a quelque chose qui cloche dans votre vie. Cherchez quoi.

Une chance ?

« Le désespoir est la matière première des
changements radicaux. »

(W.S.Burroughs)

La souffrance est aussi une puissante raison de passer à
l'action et d'apporter des changements à son existence.

Il y a en effet deux types d'incitation : la carotte et le bâton.
La carotte est alléchante et sucrée, mais dans son genre (le genre
désagréable), le bâton n'est pas moins motivant. Quand on souffre
vraiment, on est prêt à se démener, à faire des pieds et des mains,
pour que ça cesse. Et quand on souffre suffisamment, on est prêt à
tout faire pour que ça cesse.

À ce propos, j'ai une histoire pour vous. Ou plutôt, deux
histoires...

Deux locataires

Il était une fois un sympathique jeune homme prénommé
Timoclès.

Timoclès payait un loyer raisonnable pour un appartement
agréable où il se sentait plutôt bien, malgré quelques frictions
avec le gardien de l'immeuble.

Un beau jour de printemps, Timoclès eut la possibilité
d'acheter un somptueux château de conte de fées. (Celui de la
Marraine de Peau d'Âne, qui l'avait quitté pour rejoindre l'un des
derniers paradis fiscaux à l'autre bout du monde.) Le château, dit

l'agent, devait être acheté cash et habité sur-le-champ, sinon il se métamorphoserait en citrouille insalubre : il fallait faire un choix avant trois jours.

Choix épineux ; changer de vie n'est jamais facile, même lorsqu'il s'agit de changer pour le mieux. Ne dit-on pas : « on sait ce que l'on perd, on ne sait pas ce que l'on gagne » ?

Timoclès hésita, temporisa et tergiversa tant et si bien que le palace qui lui tendait les bras se ratatina en citrouille d'Halloween.

Le quatrième jour, alors que Timoclès marchait déçu et distrait, une peau de banane provoqua sa chute et une double fracture au bras droit. Un long congé maladie s'ensuivit, que n'apprécia guère le patron de Timoclès, qui du coup perdit son emploi. Timoclès ne retrouva pas de travail et réintégra piteusement le domicile parental.

Passons à Alphonse.

Alphonse était, comme Timoclès, un jeune homme chaleureux et amical, charmant sous tous rapports.

Et, toujours comme Timoclès, Alphonse était locataire. Mais la ressemblance s'arrêtait là, car Alphonse payait un loyer exorbitant pour une chambre sordide et vétuste dont la robinetterie fuyait, chambre qu'il partageait avec des petits rongeurs qui s'étaient invités chez lui sans son consentement. La nuit, son voisin de palier infligeait à Alphonse les stridulations discordantes de sa guitare électrique ; le jour, c'étaient les crises conjugales de ses voisins du dessus qui résonnaient dans la cage d'escalier.

Un beau jour d'été, comme Timoclès avant lui, Alphonse eut la possibilité d'acheter un magnifique château de conte de fées. Ce château-là était tout aussi beau que l'autre, ayant été conçu par le même génial architecte. Et, comme pour l'autre, il fallait se décider au plus vite, sous peine de voir la splendide demeure se changer en potiron lugubre.

À votre avis, que fit Alphonse ?

Exactement.

Ne dit-on pas : « qui ne tente rien n'a rien » ?

Le jour de la signature, alors qu'il marchait plein d'allant et d'entrain, Alphonse croisa par un hasard providentiel celle qui lui était destinée. Ils se marièrent et aménagèrent sans tarder. Au fil du temps, Alphonse s'aperçut que le château enchanté dont il était devenu propriétaire poussait tel un arbre, devenant chaque jour plus douillet et plus spacieux.

Aujourd'hui encore, Alphonse est heureux dans sa royale demeure, où il vit la vie de château avec sa femme et leurs cinq enfants.

Tout ça parce qu'il a fait le bon choix.

La dépression, une chance ?

Ces deux histoires n'ont rien de réaliste, je vous l'accorde. Ce sont des allégories.

Alphonse se sent mal ; cette chambre de bonne sordide où il étouffe, c'est l'intérieur de son propre crâne. Son sort est misérable, assez misérable pour qu'il soit prêt à changer pour mieux dès que l'occasion se présente.

Changer de croyances, d'habitudes, de vie.

Timoclès, lui, n'est pas déprimé : cet appartement plutôt confortable où il habite, c'est son univers mental. Il s'y sent assez bien, malgré quelques soucis.

Apparemment, Timoclès a de la chance… mais seulement à condition qu'on ne lui propose pas un logement infiniment meilleur que le sien.

Lorsque le château enchanté se présente à lui, la chance de Timoclès se retourne en malchance : il ne trouve pas la motivation nécessaire pour grandir ; son bonheur est une stagnation.

Quant à Alphonse, il est plus chanceux qu'il n'en a l'air ; on peut même dire qu'*il a beaucoup de chance de ne pas avoir de chance*. En effet, grâce à son mal-être il a accumulé un désir profond et sincère de transformer sa vie. Sa souffrance lui ouvre ainsi la porte d'un changement radical vers le mieux : elle le motive.

D'une façon comparable le petit Anthony, bébé mignon, mais n'ayant rien d'extraordinaire, ne serait jamais devenu Anthony Robbins, virtuose de la Programmation neurolinguistique, coach génial et auteur à succès, s'il n'avait jamais souffert :

> « Il y a huit ans, j'ai vécu une époque où je me sentais constamment déprimé... À cette époque, mes problèmes me

paraissaient insurmontables, omniprésents et limités à moi seul. Heureusement que je me suis senti si malheureux que j'ai voulu sortir de cette ornière ! »

À propos de la souffrance et du changement, Anthony Robbins dit aussi :

« Comment se fait-il que les gens souffrent, mais ne fassent rien pour changer les choses ? C'est qu'ils n'ont pas encore assez souffert. »

Une souffrance mesurée, supportable, comme celle causée à Timoclès par ses désaccords avec le gardien de l'immeuble, présente un vrai risque.

Ce risque, c'est qu'on la supporte indéfiniment sans ne jamais rien changer à sa vie.

Fine pédagogue, la souffrance arrose ses élèves préférés d'eau bouillante pour les aider à prendre conscience qu'ils doivent passer à l'action. Mais c'est à eux de décider qu'ils sont prêts à changer de place et à construire quelque chose – en commençant par eux. Certains préfèrent rester au point mort, à souffrir et végéter comme des tubercules impotents.

La personne qui souffre moralement a une chance, une chance qu'elle peut rater ou saisir.

Toutes les conditions requises sont réunies pour qu'elle ait envie de se bouger. À elle de surveiller les opportunités qui se présentent, à elle aussi de chercher un nouveau logement mental, c'est-à-dire une nouvelle philosophie, une meilleure perspective sur la vie.

À retenir

• Ne pas avoir de chance est une chance, quand on trouve dans sa souffrance la motivation nécessaire pour initier un changement décisif vers le mieux.

Conseil

▶ Si vous souffrez comme Alphonse, ne réagissez pas comme Timoclès : dites oui à la chance qui se présente. Et si elle ne se présente pas, allez la chercher. Elle est plus près que vous ne l'imaginez.

Six erreurs romantiques

« On détruit son bonheur en haine de la platitude de la vie. On ne sait pas être heureux avec simplicité. On s'invente des raisons de souffrir. Pour s'attester qu'on a une âme, on veut y avoir mal. Je souffre, donc je suis. »
Théodore Joran

Nous avons vu que le bâton motive autant ou plus que la carotte : la douleur est un puissant motif de changement. Il y a cependant une manière de souffrir qui, au lieu de promouvoir l'amélioration de soi et les virages rédempteurs, enchaîne au statu quo et enfonce dans le pire.

Cette manière de souffrir, c'est celle qui consiste à *se faire* souffrir.

C'est, dites-vous, du masochisme ?

En un sens, oui. Mais c'est surtout la conséquence d'une erreur de perspective. Le fruit d'un malentendu... et même de plusieurs.

« Ô ma douleur... »

Êtes-vous du genre à croire qu'il n'y a que la souffrance qui soit réelle ?

Du genre à surestimer le sang et les larmes, à sous-estimer l'eau et le lait, la citronnade ?

Du genre à vous déchirer à des émotions insoutenables et indicibles, à chercher ce qui fait mal ?

J'espère que la réponse est « non », mais si vous répondez « oui », alors vous vous reconnaîtrez probablement dans les propos suivants, qu'une jeune fille désorientée m'a tenus un jour :

> « Je crois que ce qui pèche dans ma vision des choses, c'est que le malheur, la souffrance et le mal-être me semblent supérieurs au bien-être et à la paix intérieure. J'admire ceux qui souffrent bien plus que ceux qui sont heureux. Je vois dans leur douleur une marque de profondeur. Ce qui explique aussi l'espèce de complexe d'infériorité que je fais à l'égard des fous, des malades mentaux, des anorexiques, etc. »

Ce point de vue est moins rare qu'on pourrait le croire. Parmi les préjugés qui circulent par-ci par-là, plusieurs valorisent le malheur, les émotions déplaisantes et les casse-têtes affectifs en les présentant comme des preuves d'une supériorité intellectuelle ou morale, ou encore comme le moyen d'atteindre un but sublime. Ces croyances s'opposent au dogme hédoniste, mais ne valent pas mieux que lui : elles constituent une illusion symétrique.

Ces idées, qui sont autant d'obstacles sur la route du bien-être, sont à classer parmi les erreurs romantiques.

Ce sont en effet les romantiques qui, les premiers, ont idéalisé la souffrance et la douleur, comme en témoignent ces vers célèbres : *Rien ne nous rend si grand qu'une grande douleur*[1] *; Les plus désespérés sont les chants les plus beaux/Et j'en sais d'immortels qui sont de purs sanglots*[2] *; Sois sage, ô ma douleur, et tiens-toi plus tranquille*[3], etc.

Dans les pages suivantes, nous allons examiner six lieux communs ayant l'idéologie romantique pour aïeule, six clichés plus ou moins populaires qui idéalisent la douleur.

En les lisant, vous aurez peut-être l'impression que je contredis les chapitres précédents, mais il n'en est rien : la souffrance est une école, pas un diplôme ; un examen, pas un 20 sur 20 ; un signal d'alarme, pas une bonne nouvelle.

De plus, il faut garder à l'esprit que la souffrance sur laquelle on trébuche par inadvertance a, ou du moins peut avoir, des effets bénéfiques que n'aura jamais celle que l'on s'auto-inflige.

---

1   Alfred de Musset (1810-1857), l'un des poètes les plus représentatifs du Romantisme.
2   Encore Alfred.
3   Charles Baudelaire (1821-1867), l'un des héritiers du Romantisme.

Heur et malheur de l'imbécile (première erreur)

Commençons par le mythe de l'imbécile heureux.

Cette expression bien connue, *imbécile heureux*, suggère que le bonheur est réservé aux crétins. Voici ce qu'en pense un penseur contemporain tout imbu de ce préjugé :

> « Ce qui serait ridicule pour un philosophe, c'est la foi béate de l'imbécile heureux et l'autosuggestion de la pensée positive... La joie du philosophe ? Laissez-moi rire... »

Le rire en question doit ressembler à un ricanement sarcastique bien plus qu'à une bonne tranche de rigolade secouant le ventre et tirant sur les zygomatiques.

Personne n'a envie de se changer en lapin crétin. Lorsqu'on croit au mythe de *l'imbécile heureux*, on craint d'être heureux parce qu'on a peur de passer pour un imbécile ou d'en devenir un. On fait donc tout ce qu'on peut pour rester à bonne distance de ce dangereux bonheur...

Précaution parfaitement inutile, car l'expression *imbécile heureux* est trompeuse, comme on le verra plus loin. D'ailleurs, comment accorder le moindre crédit à ce qui est, de toute évidence, un lot de consolation ?

« Au moins, je ne suis pas un imbécile ! », tel est le morne réconfort que le mythe de l'imbécile heureux apporte aux orgueilleux qui y croient, et qui, du coup, s'entêtent à souffrir pour prouver au monde, et à eux-mêmes, la profondeur insondable de leur intelligence.

Mais ce faisant, c'est autre chose qu'ils prouvent... N'est-il pas trois fois stupide, celui qui creuse lui-même le trou (l'un des sens de *dépression*) où il tombe et retombe ?

Le leurre de l'artiste maudit (deuxième erreur)

Après l'*imbécile heureux*, passons au cliché de *l'artiste maudit*.

Beaucoup d'artistes en herbe, et même des confirmés, sont tout heureux d'être malheureux parce qu'ils s'imaginent que c'est le meilleur moyen de créer des chefs-d'œuvre. Bien sûr, cette croyance les enferme dans leur mal-être.

Ne vous méprenez pas : je suis toute prête à admettre que la souffrance est une source d'inspiration. Mais qu'est-ce que cela prouve ?

On peut aussi être inspiré par son enfance, la lecture de *Moby Dick*, un pommier dans son jardin, un voyage au Brésil… Tout, absolument tout, peut devenir une source d'inspiration ; la tristesse n'est qu'un sujet parmi d'autres. S'imaginer qu'on tire sa créativité de ses souffrances, c'est juste se condamner à souffrir encore et encore.

Notez aussi que lorsqu'on a le nez collé à une chose, on ne la voit pas bien. Ainsi la passion amoureuse ne devient un sujet intéressant que lorsqu'elle est terminée. Tant qu'on y barbote, on ne peut que radoter « Je l'aime ! » et ça n'intéresse personne. De même, pour transformer son mal-être en peinture, en littérature ou en sculpture, il faut commencer par s'en éloigner.

Mais peut-être n'avez-vous jamais été tenté par le genre de *l'artiste maudit*…

Si c'est le cas, vous êtes plus sage que moi, car j'ai été une pseudo-artiste de ce genre. Je puisais mon inspiration très glauque dans un puits de souffrances tout aussi glauques. Mes démons tenaient le pinceau et le crayon. Je saignais, littéralement, sur mes dessins, m'imaginant que je mettais l'automutilation au service de l'Art…

Pauvre moi.

Je crois que j'imitais inconsciemment l'artiste mexicaine Frida Kahlo (1907-1954). Suite à un terrible accident de tramway qui lui brisa la colonne vertébrale, le bassin, les côtes, etc., sa vie fut une longue souffrance. L'artiste était si inspirée et la victime si belle et que j'aspirais à devenir elle… au moins un peu.

Qu'y ai-je gagné ?

L'illusion douce-amère d'être une Grande Artiste. Des bouffées d'orgueil et de folie. Et des souffrances entretenues par ma fascination pour elles.

Artiste maudit : au final, ce n'est pas l'art léger et insaisissable que j'ai attrapé, mais seulement la malédiction, qui elle m'a collé aux doigts comme de la colle à souris. Et le petit bout de fromage qui m'avait conduit jusque-là m'a échappé, tandis que je m'engluais dans une espèce de mort…

Il n'y a pas que moi, d'ailleurs. Tant de vies sont détruites par des mots creux, des mirages – images colorées et brillantes auxquelles on croit, auxquelles on s'identifie, auxquelles on sacrifie son temps, son énergie, sa foi.

Conclusion ?

Ce n'est pas en vous rendant malheureux que vous deviendrez un grand artiste, si tel est votre projet.

J'irai même jusqu'à dire que votre art ne produira des fruits appétissants qu'au sein d'une vie à peu près paisible, à peu près normale. En effet si pour fabriquer des œuvres moches on n'a besoin de rien de particulier, pour donner naissance à de la beauté il y a, me semble-t-il, quelques conditions à remplir : avoir les idées claires, une perspective lucidement optimiste sur l'existence, et une relation amicale avec soi-même et les autres.

Génie et mélancolie (troisième erreur)

L'association du génie et de la mélancolie est un autre leurre, apparenté au précédent cliché.

Selon Georges Minois, auteur de l'*Histoire du mal de vivre : De la mélancolie à la dépression* (2003), la tristesse serait le propre des grands hommes : le mal-être serait « la contrepartie des progrès de la pensée ». En clair, les génies seraient condamnés à la tristesse et la dépression.

C'est ce que vous pensez, vous aussi ?

Cette théorie n'est pas étayée par les faits.

Notre époque, qui poursuit si ardemment le plaisir, n'en est pas moins rongée par l'angoisse et grignotée par les soucis. C'est pour cela qu'elle se focalise sur les génies mélancoliques : elle s'intéresse à ceux qui lui ressemble. Mais des génies de bonne humeur, des grands hommes bienveillants et souriants, il y en a eu.

Et même beaucoup.

Molière n'était pas aussi joyeux que ses comédies le donnent à penser, mais Ronsard, La Fontaine, Voltaire, George Sand, Victor Hugo faisaient courageusement face aux difficultés de l'existence.

Ils ne se laissaient pas couler dans la morosité.

Si l'on cherche du côté des Américains, on trouve une brochette d'optimistes encore plus conséquente : Benjamin Franklin, David Thoreau, Ralph Waldo Emerson, Samuel Smiles, James Allen, Dale Carnegie...

Et il n'y a pas que les États-Unis. Si vous cherchez bien, vous découvrirez que chaque pays a son lot de génies optimistes et de gaillards géniaux.

Génie et folie (quatrième erreur)

D'après un quatrième préjugé, cousin germain du précédent, le génie toucherait de près à la folie. L'idée a été lancée au dix-huitième siècle par le philosophe matérialiste Denis Diderot (1713-1784), et depuis, elle roule.

Et en général, qui sort-on triomphalement du haut-de-forme magique pour soutenir cette thèse passablement grotesque ?

Un lapin très moustachu répondant au doux nom de Friedrich Nietzsche (1844-1900). Nietzsche est un philosophe allemand qui a sombré dans la démence sans retour... il est mort fou.

Cependant pour que le dénouement tragique de son existence prouve quelque chose, il faudrait d'abord :

1/ Démontrer que Nietzsche était bien un génie, étant donné que tout le monde ne le considère pas comme tel ;

2/ Démontrer que c'est son génie qui lui a fait perdre la raison ;

3/ Démontrer qu'il s'agit là d'une loi générale, et qu'il y a plus de fous parmi les génies, ou plus de génies parmi les fous, que parmi le reste de la population.

Dans l'attente de ces trois démonstrations, qui n'ont pas été faites, je vous propose de considérer génie et folie comme des pôles opposés. Le génie représente la *crème de la crème* de la raison raisonnante, tandis que la folie est une déraison.

À ce propos, permettez-moi de vous rappeler deux évidences :

1/ Un fou est incapable de raisonner logiquement, tandis qu'un génie raisonne avec rigueur, profondeur et clarté ;

2/ Un fou est incapable d'améliorer son environnement et incapable aussi de s'y intégrer harmonieusement, tandis qu'un génie apporte sa précieuse contribution à l'humanité tout entière.

Quand je repense à l'état où je me trouvais lors de mes épisodes délirants, je n'y décèle vraiment rien de génial. C'est vrai qu'il y a eu, à l'origine de ma première bouffée délirante, une minuscule étincelle – le début d'une prise de conscience sur ma place dans ma famille et ma véritable identité –, mais cette petite lumière s'est tout de suite perdue dans un fatras d'idées incohérentes. Si j'avais eu la tête plus solide, j'aurais encaissé le choc, je ne me serais pas décomposée ainsi.

Les génies ont un esprit vigoureux, une tête bien faite, un mental parfaitement organisé ; c'est ce qui leur permet de poursuivre leurs intuitions jusqu'au bout sans en perdre le fil. La folie est un désordre, un désarroi, une faiblesse : elle est à l'autre extrémité du spectre.

Fascinants sacs de nœuds ? (cinquième erreur)

Parlons maintenant de l'illusion selon laquelle la souffrance serait séduisante, et même d'irrésistible. L'artiste Mano Solo l'a dit à sa manière poétique et déchirante :

> « Les gens m'aiment parce que je suis triste / alors pourquoi ils veulent que je change / et les gens m'aiment parce que je suis seul / et les gens m'aiment parce que j'ai mal… »

Et dans cette autre chanson :

> « Je reste là Saint-Sébastien de l'amour / épouvantail à demoiselles / souffrance pourtant si belle / qu'elles tournent autour… »

Croyez-vous comme lui que vos souffrances sont belles et vous rendent fascinant(e) ?

Quand on se l'imagine, on dit des balivernes de ce genre :

« D'un côté ceci, mais d'un autre côté cela… Consciemment ceci, mais inconsciemment cela… Une partie de moi ceci, tandis qu'une partie de moi cela… Au niveau subconscient… Au niveau du ça… Au niveau du surmoi... Mais de toute façon, tu ne peux pas comprendre ; c'est beaucoup plus *compliqué* que ça ! »

Et simultanément, on pense tout bas :

« Je suis un être compliqué et donc fascinant. Chez moi, rien de simple, rien d'évident. Ma personnalité est un labyrinthe tortueux peuplé de gouffres et de failles. Ce sont mes souffrances étranges et mes états d'âme incompréhensibles qui me rendent si spécial, si attirant... »

Cette manière de penser présente deux inconvénients majeurs.

Primo, quand on aime ainsi ses nœuds, on s'y emmêle au lieu de les dénouer, s'emberlificotant et s'étouffant dans les méandres de son propre cerveau : ce goût du compliqué conduit à se faire des crocs-en-jambe à soi-même.

On réclame ce qu'on refuse ; on supplie avec insistance « Aidez-moi, mais surtout ne m'aidez pas... » ; on demande de l'aide en serbo-croate à des Irlandais ; on se fait tatouer en lettres gothiques *EMPLEH*[4] au milieu du dos pour être sûre que personne ne lira, ou que personne ne comprendra ; et quand on est au bout du rouleau, on griffonne des SOS plus explicites qu'on met dans une bouteille et qu'on lance à la mer, après avoir sifflé tout le whisky qu'elle contenait.

La mer avale nos SOS avec l'indifférence rugissante, écumeuse et souveraine qui lui est coutumière ; aucun canot de sauveteurs ne trouvera nos pathétiques et dérisoires appels à l'aide... Il aurait été tellement plus intelligent de les laisser sur un forum d'Internet.

Secundo, cette mentalité compliquée a le même effet répulsif que le parfum des moufettes : elle fait fuir.

Les névrosés et les psychopathes ne sont envoûtants que dans les films qui les idéalisent. C'est seulement à grand renfort d'invraisemblances scénaristiques, de musique et d'effets spéciaux que les cicatrices émotionnelles et les problèmes psychologiques se parent d'une aura fascinante.

Dans la réalité, personne n'aime les gens compliqués, qui sont beaucoup moins séduisants que fatigant, beaucoup moins irrésistibles que pénibles.

Personne n'a envie de supporter un conjoint instable sujet aux crises de rage et de larmes, aux tics et aux TOC[5]. Ce que chacun et chacune désire, c'est un conjoint stable et fiable à

---

4   *Help me* à l'envers.
5   Troubles obsessionnels Compulsifs.

l'humeur égale et au comportement rationnel : un rocher, un refuge, un soutien.

Vous dites que quelqu'un vous aime pour vos fascinants sacs de nœuds ?

Permettez-moi d'être parfaitement franche avec vous : ce n'est pas vraiment vous qu'il aime et d'ailleurs, ce n'est pas vraiment de l'amour. Juste un intérêt mercantile et professionnel s'il s'agit d'un psy, ou une admiration lointaine qui s'évanouirait si vous vous rapprochiez : les imbroglios psychologiques qui fascinent de loin perdent tout attrait dès qu'on les voit de près.

Alors si vous imaginez que vos problèmes font votre charme, si vous prenez « Tu es vraiment compliqué » pour un compliment... il est temps de changer de point de vue.

C'est fait ?

Maintenant que vous voyez les choses telles qu'elles sont, optez pour la simplicité, c'est-à-dire pour le chemin direct. À l'image d'une plage lavée par l'océan, la simplicité est un vêtement immaculé qui met en valeur la beauté naturelle et met en beauté la valeur native : revêtez-le et vous ne voudrez plus d'autre parure.

Le malheur des uns... (sixième erreur)

Venons-en maintenant à la sixième et dernière erreur, une idée encore plus absurde que les précédentes.

Certaines personnes s'imaginent que leurs angoisses, afflictions et sanglots jouent un rôle bénéfique à l'échelle planétaire : leurs souffrances seraient utiles à d'autres.

C'est peut-être une résurgence du christianisme – un innocent accepte de se faire crucifier pour soulager l'humanité de ses péchés – ou le résultat d'une interprétation erronée du proverbe bien connu, *le malheur des uns fait le bonheur des autres.*

Toujours est-il que selon ce point de vue aussi romantique qu'illogique, tout malheureux (de préférence malheureux sans cause évidente) allégerait par ses souffrances la part de souffrance dévolue à l'Humanité.

Cette thèse présuppose que malheur et euphorie sont en quantité fixe et déterminée dans l'univers. Ce qui disparaît d'un côté réapparaîtrait donc obligatoirement d'un autre. Lorsque l'eau disparaît, c'est seulement qu'elle a changé de forme ou qu'elle est passée ailleurs ; les états d'âme auraient le même genre d'existence et de persistance.

Mais lorsqu'on se libère d'une émotion, tombe-t-elle par terre ? Et lorsqu'on se débarrasse d'un sentiment, se retrouve-t-il au compost ou à la poubelle ? Ou migre-t-il vers quelqu'un d'autre ?

Vous connaissez la réponse.

Les états d'âme sont, comme elle, immatériels. Ils ne sont pas régis par les mêmes principes que la matière. Lorsqu'on s'affranchit d'un sentiment, d'une émotion, ils disparaissent. Ils s'effacent purement et simplement.

La théorie selon laquelle le malheur d'un individu allégerait les malheurs du genre humain est donc fausse. Il n'y a pas de système de compensation automatique, pas de principe régulateur qui, lorsque notre ration de bonheur diminue, ajouterait une louche de rabiot aux autres.

En fait, c'est même l'inverse. Les personnes qui vous côtoient et vous aiment sont ensoleillées par votre joie, électrisées par votre bonne humeur, vivifiées par votre sourire. Ils sont aussi assombris par votre mélancolie, contrariés par votre colère, navrés par votre tristesse. Plus vous vous montrerez fort, enthousiaste, drôle et joyeux, et plus ceux qui vous sont chers seront heureux. Il n'y a que nos ennemis pour se réjouir de nos larmes et s'attrister de nos succès.

Mais alors, que signifie le proverbe : le *malheur des uns fait le bonheur des autres* ?

Que ce qui est une perte tragique pour une mère ou un ami est un gain pour l'entreprise de pompes funèbres qui s'occupera de l'enterrement. Que ce qui est un coup dur pour la victime d'une compression de personnel est un bénéfice pour l'actionnaire. Et que ce qui est une souffrance insoutenable pour l'individu qui va chez son docteur dans l'espoir que celui-ci l'aidera est, pour le représentant pharmaceutique qui manipule le docteur en question, l'occasion de tester un nouvel antidépresseur aux effets secondaires mal connus sur un cobaye qui ne se doute de rien. La perte de l'un est le pain de l'autre. Vous voyez qu'il n'y a rien de christique là-dedans.

À retenir

- La souffrance n'est cousine ni de la créativité ni du génie.
- De même qu'un *ange déchu* n'est plus vraiment un ange, un *artiste maudit* n'est plus vraiment un artiste, l'adjectif l'emportant sur le nom.
- La folie est au génie ce que la nuit est au jour, le mensonge à la vérité.
- Beaucoup de films suggèrent que les problèmes psychologiques ont quelque chose de fascinant. En réalité il n'y a rien de plus barbant. Ni la souffrance ni les complications psychologiques ne sont un atout dans le jeu de la séduction.
- Quand on souffre, on ne soulage personne. Au contraire, on enfonce ses proches.
- À se rendre malheureux, il n'y a rien à gagner et tout à perdre.

Conseils

▶ Ne cherchez pas la souffrance, ne soyez pas malheureux exprès.

▶ Dans votre dictionnaire personnel, remplacez « imbécile heureux » par « imbécile malheureux » et « artiste maudit » par « artiste béni », car tout talent est un don, autrement dit une bénédiction.

▶ Pour plaire, misez sur la simplicité.

▶ Vous voulez rendre heureux ceux qui vous aiment, vous voulez être heureux vous-même ? Souriez, plaisantez, faites le pitre s'il le faut, et si possible, riez – même si ce n'est pas drôle et que vous n'avez pas le cœur à rire. La bonne humeur est un choix. L'un des plus productifs qui soient.

Lecture recommandée

☐ *La voie de l'artiste* de **Julia Cameron**. À lire si vous vous êtes laissé leurrer par les paillettes fascinantes qui ornent *l'artiste maudit*.

Aveu...

J'ai un aveu à vous faire.

Ce livre que vous venez de lire ne mérite pas à 100% son titre de "livre" car il s'intègre harmonieusement en tant que partie à un livre beaucoup plus gros, vraiment beaucoup, beaucoup plus gros, MENTALPAX.

MENTALPAX est un puissant antidépresseur naturel, un antidépresseur efficace contre le suicide, la dépression, l'anxiété, la tristesse, et les diverses "maladies mentales" inventées par la psychiatrie.

Si vous avez été interessé ce livre-ci, vous le serez bien plus encore par MENTALPAX, que vous trouverez sous forme de livre broché sur amazon, et sous forme de ebook un peu partout : amazon, kobo, googleplay...

J'espère que vous lirez MENTALPAX, et aussi que vous mettrez un commentaire, sur amazon ou ailleurs, à ce livre-ci, *Et si dépression avait un sens*. Les avis (positifs) que les lecteurs écrivent publiquement sur les sites sont très précieux et importants pour l'auteur comme pour l'éditeur.

Votre amie,

Lucia Canovi

Catalogue
des éditions lucia-canovi.com
LIBERTÉ • VÉRITÉ • CLARTÉ

Des mots qui aident, guident, réconfortent, encouragent, éclairent, élèvent ou libèrent

**Nos livres sont disponibles aux formats pdf, .mobi et epub.
et nos programmes audios, au format mp3
Si vous voulez un de nos livres sous forme brochée (en vrai livre papier),
vous pouvez passer commande en nous écrivant à**
contact@lucia-canovi.com

Programmes audios à base d'offirmations – ce n'est PAS une faute d'orthographe !
Les offirmations sont des questions en « pourquoi » et en « nous » inspirées d'Émile Coué et de Noah Saint-John, questions qui permettent, quand on les écoute régulièrement, de programmer son cerveau pour atteindre n'importe quel objectif et réaliser ses rêves.

Écoutez tous les jours *100 % confiance en soi* et au bout de 30 jours, vous aurez une inébranlable confiance en vous-même :

Pour garder votre calme en toutes circonstances, écoutez tous les jours *Enfin Calme.*

Pour être heureux quoi qu'il arrive, écoutez tous les jours *Enfin Heureux*/

Pour apprendre l'anglais avec rapidité et facilité, écoutez tous les jours *Enfin Bilingue.*

Pour apprendre l'arabe avec enthousiasme et plaisir, écoutez tous les jours *Enfin Bilingue en arabe.*

Parentalité
Parents heureux, enfants joyeux ! Proverbes et citations motivantes pour familles aimantes, de Anna Fonseca

Histoire
La révolution française : une conspiration ?, d'Augustin Barruel

Études/Art d'écrire

7 secrets pour réussir brillamment ses études sans le moindre stress !, de Lucia Canovi.

Écrire une scène d'action en s'inspirant d'un grand romancier, de Lucia Canovi

Psychanalyse

Freud tueur en série : vrais meurtres et théorie erronée, d'Eric Miller

Secrets et dangers de la psychanalyse : Freud n'est pas votre ami, de Lucia Canovi

Science

La terre ne bouge pas, de Gustave Plaisant

La terre est immobile : preuve que la terre ne tourne ni autour de son axe, ni autour du soleil, Carl Schoepffer

Féminisme et sexisme

Sept mensonges du féminisme, de Lucia Canovi

Sept mensonges du sexisme, de Lucia Canovi

Religion/spiritualité

Eckhart Tolle et l'idiocratie : découvrez la doctrine et les effets d'un grand maître spirituel," de Lucia Canovi

L'Islam au-delà des apparences, de Lucia Canovi

Pourquoi j'ai embrassé l'Islam, d'Anselme Turmeda

Essais/Actualité

Réfléchissez ! Racisme, antisémitisme, quenelle et autres sujets sensibles, de Lucia Canovi

Conversations avec l'ennemi de Dieu : le mal au XXIe siècle, de Lucia Canovi

Le Lait du Mensonge : Fragments d'une parole sincère, de Lucia Canovi

Êtes-vous Charlie ?, de Lucia Canovi

Le piroptimisme : faut-il soigner le mal par le mal ?, de Lucia Canovi

Roman

Un baron en caravane, de Elisabeth Von Arnim
Amour et mensonges sous le ciel d'Italie, de Jean Webster
Horace, de George Sand
Les dames vertes, de George Sand
Nanon, de George Sand
Cecilia, de Fanny Burney (12 volumes)

Développement personnel/Psychologie

Marre de la vie ? Tuez la dépression avant qu'elle ne vous tue !, de Lucia Canovi

Le trésor : découvrez la méthode la plus simple de vous faire des alliés et de réaliser vos rêves, de Lucia Canovi

La clé du bonheur : 365 offirmations* pour surmonter dépression, découragement, déprime et être heureux en toutes circonstances [Ce n'est PAS une faute d'orthographe], de Lucia Canovi

La Clé du Calme : 365 offirmations* pour triompher de l'anxiété, du stress, de la colère et trouver la sérénité [Ce n'est PAS une faute d'orthographe], de Lucia Canovi

La Clé de la Richesse : 365 offirmations* à se poser pour s'enrichir malgré la crise [Ce n'est PAS une faute d'orthographe], de Lucia Canovi

Le petit livre de la paix intérieure : Proverbes anti-stress et citations calmantes, de Lucia Canovi

Le petit livre qui fortifie : Proverbes réconfortants et citations motivantes, de Lucia Canovi

Aller mal quand tout va bien : La dépression dédramatisée, de Lucia Canovi

La dépression est-elle une vraie maladie ? 9 idées fausses sur la tristesse et le mal-être, de Lucia Canovi

Et si la dépression avait un sens ?, de Lucia Canovi

Les vraies causes de la dépression, de Lucia Canovi

Libérez-vous de l'alcool et de la cigarette : Comprendre le joug pour le briser, de Lucia Canovi

Vivez jusqu'au bout ! Suicide, mode de non-emploi, de Lucia Canovi

Vous n'êtes pas fou ! Les maladies mentales démystifiées, de Lucia Canovi

Antidépresseurs, mensonges et conséquences, de Lucia Canovi

Torture ou thérapie ? La vérité sur les électrochocs, de Lucia Canovi

Enfin heureux ! Cinq thérapies gratuites et efficaces pour retrouver le sourire, de Lucia Canovi

La dépression sans nom, de Lucia Canovi

OrdiZen : La méthode de rangement qui permet de savoir exactement où est quoi dans son ordinateur... et de le retrouver rapidement !, de Lucia Canovi

À propos de Lucia Canovi

Lucia Canovi est auteur, éditeur et iconoclaste. Sa vie comporte trois actes très différents.

Premier Acte : Adeline Aragon gagne six prix littéraires, réussit ses études de lettres modernes et obtient du premier coup l'agrégation, concours réputé pour sa difficulté. Après ces brillantes études, désorientée, elle se tourne vers l'enseignement moins par choix que par impossibilité de changer en gagne-pain l'écriture, sa vocation de toujours. Pendant ce premier acte, elle est athée, cartésienne et militante féministe (Voir son livre *Sept mensonges du féminisme*).

Deuxième Acte : profondément insatisfaite de sa vie même si elle a « tout », à 27 ans elle se lance dans l'astrologie, le tarot et le russe, se teint les cheveux en rouge vif, quitte sa Toulouse natale pour Paris, et troque son rationalisme contre un mysticisme échevelé qui la mène à l'hôpital psychiatrique pour deux semaines. Loin de lui apporter le bonheur, cette route tortueuse se révèle de moins en moins carrossable. Pendant ce second acte, elle fume, boit, construit des châteaux en Espagne (voir son livre *Libérez-vous de l'alcool et de la cigarette : comprendre le joug pour le briser*), continue à écrire sans convaincre aucun éditeur de son génie, et adopte toutes les croyances du Nouvel Âge, dont la réincarnation. Elle est alors une disciple enthousiaste d'Eckhart Tolle (Voir son livre *Eckhart Tolle et l'idiocratie : doctrine et effets d'un « grand maître spirituel »*).

Troisième Acte : arrivée au bout de ses ressources financières, sans ami et sans amour, pour la première fois de sa vie elle se tourne vers Dieu pour Lui demander Son aide. Une semaine après, elle rencontre l'homme de sa vie qui lui propose immédiatement le mariage et l'Islam. Le coup de foudre étant réciproque, elle accepte le mariage. Quelques mois et d'innombrables lectures plus tard, dont *Le Mensonge de l'évolution* d'Harun Yayha, pour son plus grand bonheur elle se convertit à l'Islam.

Encouragée par son mari, elle se remet à l'écriture sous le nom de plume de Lucia Canovi avec un enthousiasme renouvelé et un but bien précis : aider les personnes qui souffrent comme elle a souffert. Son grand livre *Mentalpax : antidépresseur naturel sous forme de livre préconisé dans le traitement de l'anxiété, des idées noires, de la dépression et des autres diagnostics (*publié dans une première version sous le titre *Marre de la vie ?)* est le fruit de huit années de recherches ; les lecteurs l'adorent.

Par la suite, elle écrit sur toutes sortes de sujets, avec un intérêt particulier pour la logique, le développement personnel (voir en particulier son livre *Le trésor : découvrez la méthode la plus simple de vous faire des alliés et de réaliser vos rêves*), la religion (voir son livre *L'Islam au-delà des apparences*) et le mal sous toutes ses formes (voir son livre *Conversations avec l'ennemi de Dieu : le mal au XXIe siècle*).

En 2015, prenant conscience qu'il ne sert à rien d'attendre l'éditeur charmant, Lucia Canovi se décide à créer sa propre maison d'édition par internet, **lucia-canovi.com,** ce qui lui donne l'opportunité de publier *Freud tueur en série : vrais meurtres et théorie erronée*, chef-d'oeuvre d'investigation où Eric Miller prouve par A+B que Freud a sauvagement assassiné son neveu John, ainsi que quelques-uns de ses amis et quelques unes de ses patientes.

Iconoclaste, Lucia Canovi prend un plaisir subversif à mettre en pièces les mensonges les mieux établis, démolissant en priorité les impostures qui, en raison de leur ancienneté ou de leur succès quasi universel, semblent infiniment plus vénérables que les vérités ridiculisées qu'elles prétendent remplacer.

Aujourd'hui, Lucia Canovi vit tranquillement en Algérie avec son mari et ses deux enfants, et s'emploie à offrir le meilleur à ses lecteurs de plus en plus nombreux. Ses livres sont traduits en anglais, espagnol, allemand, italien, portugais, japonais, russe et néerlandais. Vous pouvez lui écrire à lucia@lucia-canovi.com.

Table des matières

www.ingramcontent.com/pod-product-compliance
Lightning Source LLC
Chambersburg PA
CBHW060651290526
45793CB00001B/499